Iris A. Viola

BLÜTENPRACHT
Notizbuch

Format: 60 Seiten, 14,8x21 cm; 90 g/m2

Bibliografische Information der Deutschen Nationalbibliothek:
Die Deutsche Nationalbibliothek verzeichnet diese Publikation in der
Deutschen Nationalbibliografie;
detaillierte bibliografische Daten sind im Internet über http://dnb.dnb.de abrufbar.

© 2019 Iris A. Viola 1. Auflage
Covergrafik, Texte, Bilder: © 2019 Iris A. Viola
Herstellung und Verlag: BoD – Books on Demand, Norderstedt

ISBN: 9783750434080

Weitere Notizbücher von Iris A. Viola aus der Blüten – Notizbuchreihe:

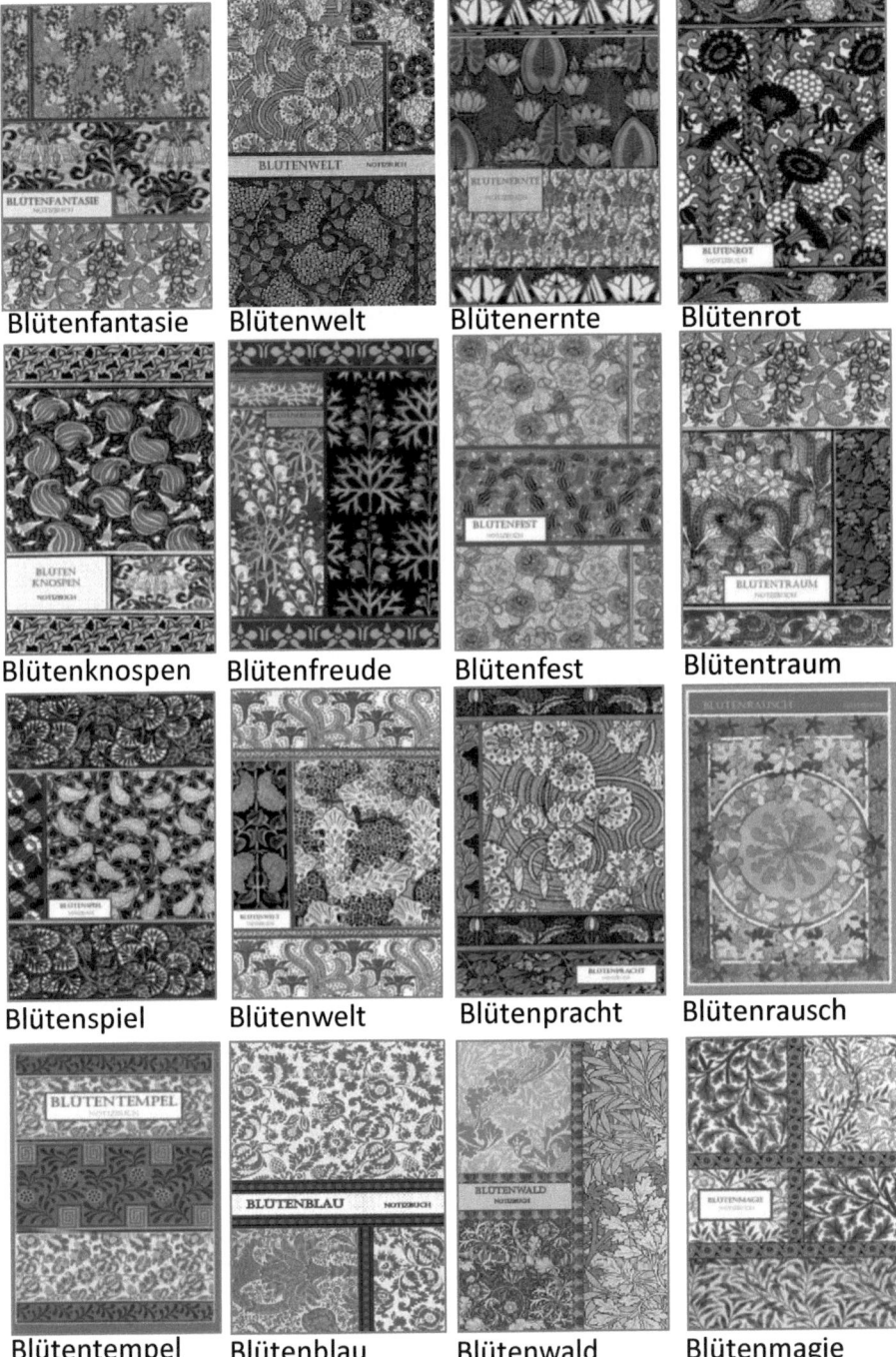

Blütenfantasie Blütenwelt Blütenernte Blütenrot

Blütenknospen Blütenfreude Blütenfest Blütentraum

Blütenspiel Blütenwelt Blütenpracht Blütenrausch

Blütentempel Blütenblau Blütenwald Blütenmagie

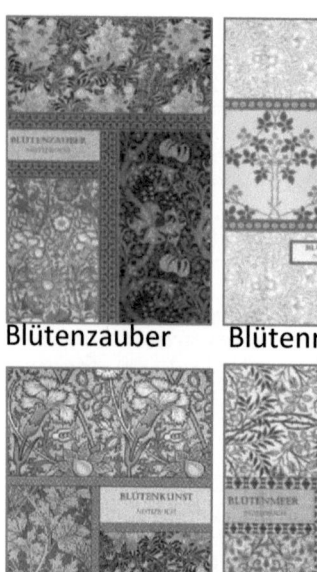

Blütenzauber

Blütenrosa

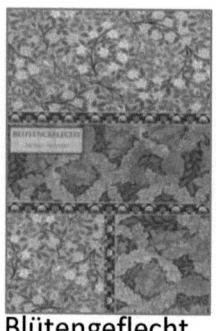

Blütengeflecht

Blütenfrucht

Blütenkunst

Blütenmeer